Inhalt

Auswirkungen der Umstellung der HGB-Rechnungslegung auf IAS/IFRS

Kernthesen

Beitrag

Fallbeispiele

Weiterführende Literatur

Impressum

Auswirkungen der Umstellung der HGB-Rechnungslegung auf IAS/IFRS

A.Kaindl

Kernthesen

- Mit dem 1. Januar 2005 begann in Europa ein neues Zeitalter der Bilanzierung. Rund 7 000 kapitalmarktorientierte Unternehmen müssen ihre Konzernrechnungslegung auf die internationalen Bilanzierungsstandards IAS/IFRS umstellen.
- Strittig ist, ab wann diese Unternehmen ihre Zwischenberichterstattung auf IAS/IFRS umstellen müssen. Die Umstellung wird zu einer veränderten Zusammenarbeit

zwischen den Unternehmen und den Abschlussprüfern führen.
- Die Ratingagenturen sind sich uneins, ob die Umstellung der Rechnungslegung zu Ratingveränderungen bzw. Verwerfungen an den Kapitalmärkten führen wird.

Beitrag

Bilanzielle Umstellungseffekte

In 2005 beginnt für viele börsennotierte Unternehmen ein neues Rechnungslegungszeitalter. Nach europäischem Recht müssen kapitalmarktorientierte Unternehmen ihre Konzernabschlüsse für am oder nach dem 1. Januar 2005 beginnende Geschäftsjahre zwingend gemäß den International Accounting Standards (IAS) / International Financial Reporting Standards (IFRS) aufstellen. Allen anderen Unternehmen wird ein Wahlrecht eingeräumt, ihren Konzernabschluss nach IAS/IFRS statt nach HGB aufzustellen. IAS/IFRS ist nicht nur ein europäisches Thema. Mehr als 90 Länder wollen sich den neuen Regeln anschließen. (3), (6)

Die Umstellungseffekte in den Konzernbilanzen fallen sehr unterschiedlich aus. In der Regel ergibt sich eine

Erhöhung des Eigenkapitals, weil stille Reserven aufgedeckt werden, Aufwandsrückstellungen wegfallen, Goodwill-Verrechnungen rückgängig gemacht werden oder Zinsaufwendungen aktiviert werden müssen. Der größte Einfluss zeigt sich nach einer Studie der Universität Eichstätt-Ingolstadt bei den Firmenwerten. Die neuen Rechnungslegungsvorschriften heben die lineare Abschreibung auf Goodwill und andere immaterielle Vermögensgegenstände weitgehend auf und sehen einen Werthaltigkeitstest (Impairment-Only-Approach) vor. Demnach bleibt ein entsprechender Vermögenswert prinzipiell in seiner Höhe erhalten, wird jedoch jährlich einem regulären Werthaltigkeitstest unterzogen und darüber hinaus gesondert überprüft, falls es Anhaltspunkte für einen Wertverlust der Aktiva gibt. Deutlich höher ausgewiesen werden in den meisten Fällen auch die Pensionsverpflichtungen, weil nach internationalen Bilanzierungsvorschriften künftige Gehalts- und Rentenentwicklungen berücksichtigt werden müssen. [(6)](), [(7)](), [(12)]()

Anpassungszeitpunkt der Zwischenberichtserstattung an IAS/IFRS

Für Unternehmen, die auf Grund börsenrechtlicher Regelungen Zwischenberichte für den Konzern veröffentlichen, stellt sich mit der Umstellung der Rechnungslegung die Frage, ob sie ihre Zwischenberichterstattung bereits im Geschäftsjahr 2005 bzw. 2005/2006 an die neue Konzernrechnungslegung anpassen müssen oder erst im darauf folgenden Geschäftsjahr. Die Entscheidung wird häufig nach betriebswirtschaftlichen Kriterien ausgerichtet, vor allem danach, ob das eigene Rechnungswesen eine dem Konzernabschluss vorausgehende Zwischenberichterstattung nach IAS/IFRS schon leisten kann oder soll. Aus rechtlicher Sicht ist es umstritten, ab wann Zwischenberichte erstmals unter Anwendung dieser Standards zu erstellen sind. (3)

Die Frankfurter Wertpapierbörse hat sich auf den Standpunkt gestellt, dass bei der pflichtgemäßen Umstellung auf IAS/IFRS die Zwischenberichterstattung dem Konzernabschluss nachfolge. Hiernach müssten Emittenten, deren Geschäftsjahr das Kalenderjahr ist, diese Standards erstmals auf den ersten Zwischenbericht des Geschäftsjahres 2006 anwenden. In der Beratungspraxis wurde jedoch zunehmend die Gegenansicht vertreten, wonach Zwischenberichte bereits im Geschäftsjahr 2005 bzw. 2005/2006 zwingend nach IAS 34 zu verfassen seien. (3)

Veränderte Zusammenarbeit zwischen Unternehmen und Abschlussprüfern

Die Entscheidungsprozesse und Abläufe, wie komplizierte Bilanzierungsfragen zu klären sind, werden sich verändern. Das deutsche Handelsrecht gewährt den Unternehmen bei der Bilanzierung einen großen Gestaltungsspielraum. Das pflichtgemäße Ermessen des Wirtschaftsprüfers konnte aber nicht verhindern, dass gleiche Sachverhalte ungleich behandelt wurden. Bei der Beantwortung der Frage, wie sich das Zusammenwirken von Unternehmen und ihren Wirtschaftsprüfern entwickeln wird, ist es hilfreich, die Entscheidungsprozesse und Erfahrungen der nach amerikanischen Regeln US-GAAP bilanzierenden Unternehmen zu betrachten:

Die Jahresabschlüsse unterliegen einer zusätzlichen Kontrolle durch die US-Börsenaufsicht SEC. US-GAAP sind sehr stark rules-based, das heißt, eine Fülle von Einzelregelungen bestimmen die Bilanzierung. Die amerikanischen Wirtschaftsprüfungsgesellschaften sind verpflichtet, für jedes der von ihnen betreuten börsennotierten

Unternehmen einen so genannten SEC Reviewing Partner zu benennen, dessen Aufgabe darin besteht, alle wichtigen, den Jahresabschluss betreffenden Fragen noch einmal einer eigenen Beurteilung zu unterziehen. (1)

Manches spricht dafür, dass Abläufe im Zusammenhang mit einer IAS/IFRS-Bilanzierung Parallelen zu der beschriebenen Vorgehensweise bei US-gelisteten Unternehmen aufweisen werden:

Mit der Verabschiedung des Bilanzkontrollgesetzes wird eine weitere, vom Wirtschaftsprüfer und Aufsichtsrat eines Unternehmens unabhängige Kontrolle der Jahresabschlüsse eingeführt. Sie wird vorgenommen von der Bundesanstalt für Finanzdienstleistungsaufsicht bzw. von der im Entstehen befindlichen Deutschen Prüfstelle für Rechnungslegung. Der Kapitalmarkt in Deutschland gleicht sich immer mehr internationalen Gepflogenheiten an, das heißt, er reagiert heute schneller und sensibler. Die Einführung von IAS/IFRS in 25 EU-Staaten stellt für das Rechnungslegungssystem selbst wie auch für alle Kapitalmarktteilnehmer eine immense Herausforderung dar. Das System wird sich langfristig nur behaupten können, wenn seine Vorschriften auch einheitlich ausgelegt werden, was angesichts nationaler Besonderheiten und kultureller

Unterschiede schwierig erscheint. Erleichternd, im Vergleich zu US-GAAP, dürfte sein, dass die IAS/IFRS im Grundsatz einen principle-based approach verfolgen. Inwieweit die IAS/IFRS in Zukunft nicht doch aus einer Fülle von Einzelvorschriften bestehen werden, bleibt abzuwarten. (1)

Ratingagenturen uneins über Auswirkungen der Umstellung der Rechnungslegung

Die Ratingagenturen sind sich uneins, ob der Übergang der Rechnungslegung auf IAS/IFRS zu Ratingveränderungen führen wird. Einerseits wird die Meinung vertreten, dass bislang die Herausforderung darin bestand, die aus den nationalen Standards resultierenden Unterschiede aus den Kennzahlen herauszufiltern, um ein realistisches, von der Art der Bilanzierung unabhängiges Bild über die finanzielle Lage der Unternehmen zu gewinnen. Zukünftig gelte es, die aus dem Übergang zu IAS/IFRS resultierenden Veränderungen zu bewerten und die Kennzahlen gegebenenfalls um diese Effekte zu bereinigen, was aber keine Ratingveränderungen erwarten lässt. Andererseits gibt es die folgende Auffassung: Da die Transparenzanforderungen unter den nationalen

Standards teilweise wesentlich laxer seien, sei unter IAS/IFRS mit neuen Informationen zu rechnen. Diese könnten sich auch in den Bonitätseinstufungen niederschlagen. (2)

Unterschiedlich beurteilen die Ratingagenturen auch die von der Umstellung ausgehenden Impulse auf die Kapitalmärkte. Die Einen gehen davon aus, dass es keine Verwerfungen an den Kapitalmärkten geben wird, selbst wenn die Zahlen vom bislang Kommunizierten stark abweichen. Es sei Aufgabe der Analysten, die notwendigen Anpassungen vorzunehmen. Die Anderen glauben dagegen, dass es ein gewisses Potenzial für Überraschungen gibt. Unternehmen könnten sich bspw. gezwungen sehen, ihr Verhalten zu verändern. Das betreffe Felder wie die Formulierung von Finanzzielen, Vergütungssysteme, Stock-Options-Programme und Pensionsverpflichtungen. Einig sind sich die Ratingagenturen darüber, dass eine intensive Kommunikation der Unternehmen mit den Investoren im Zuge des Übergangs auf IAS/IFRS unerlässlich ist, um das Potenzial für Kapitalmarktverwerfungen möglichst gering zu halten. In der Kommunikation mit den Kapitalmärkten sollten die Unternehmen eine umfassende Erläuterung der bedeutenden Anpassungen in der Gewinn- und Verlustrechnung sowie in der Bilanz vorlegen. Im Dezember 2004 veröffentlichte die Ratingagentur Standard & Poor`s einen Bericht (Transition without Tears: A Five-Point Plan for IFRS Disclosure), in dem den Unternehmen ein Fünf-Punkte-Katalog empfohlen wird, mit dem die Emittenten dem Markt die benötigten Informationen liefern könnten. (2), (13)

Stand der Umstellung und Umstellungsprobleme bei mittelständischen Unternehmen

Mittelständische börsennotierte Unternehmen tun sich schwer mit der vom Gesetzgeber erzwungenen Umstellung ihrer Rechnungslegung auf die IAS/IFRS. Eine Umfrage der Wirtschaftsprüfungsgesellschaft KPMG im Herbst 2004 ergab, dass 12 Prozent der Gesellschaften mit einem Börsenwert von unter 200 Millionen Euro noch nicht die erforderlichen Maßnahmen eingeleitet hatten, weitere 17 Prozent befanden sich erst in der Anfangsphase. Die Folgen des zögerlichen Verhaltens sind nicht unerhebliche Mehrkosten, denn die Unternehmen, die jetzt erst mit den Umstellungsmaßnahmen beginnen, können diese nur unter Einsatz aller personellen und technischen Ressourcen rechtzeitig schaffen. Die Umstellung ist nicht von heute auf morgen zu bewältigen, da nicht nur die Buchhaltung und der Kontenrahmen umzustellen sind. Vielmehr ist das gesamte Unternehmen betroffen, nicht nur das Rechnungswesen, sondern bspw. auch die Rechtsabteilung, die Personalführung oder die Steuerabteilung. Betroffen sind auch die IT, die Kommunikation mit Gesellschaftern, das interne Performance-System und auch das Rating im Rahmen von Kreditaufnahmen. (4)

Viele Mittelständler befürchten Wettbewerbsnachteile durch die immer größer werdende Transparenz, der aber ihrer Meinung nach keine positiven Aspekte gegenüberstehen. Das Argument, dass etwa die Bewertung des Anlagevermögens zum Zeitwert mit Hilfe der Werthaltigkeitsprüfung im Regelfall zu einer Erhöhung der bilanziellen Werte führt, zählt kaum. Dabei ergab eine 2002 vorgenommene Feldstudie des Deutschen Standardisierungsrats eine Erhöhung des Eigenkapitals um durchschnittlich 34 Prozent beim Übergang der Rechnungslegung von HGB auf IAS/IFRS. (4)

Fallbeispiele

Der französische Versicherungskonzern Axa rechnet damit, dass die Einführung der internationalen Rechnungslegungsstandards in 2005 sowohl den Vorsteuergewinn als auch den Reinertrag steigern wird. Dagegen wird das Eigenkapital von Axa in der Bilanz um fünf Prozent niedriger bewertet sein. Ein Sprecher des Versicherungsunternehmens betonte, dass das finanzielle Gleichgewicht von Axa trotz der Veränderungen durch die neuen Regelungen unverändert bleibt. (5)

Für den BASF-Konzern wird die Umstellung auf die internationalen Bilanzierungsregeln IAS/IFRS positive Ergebniseffekte bringen. Das betriebliche Ergebnis wird 2004 nach IAS/IFRS um 250 Millionen Euro höher ausfallen als nach HGB. Nach Steuern verbleibt im Jahresabschluss ein zusätzlicher Gewinn von 200 Millionen Euro. Diese Erträge resultieren vor allem aus dem Wegfall der Goodwill-Abschreibungen und der Aktivierung von Softwarekosten. (8), (9)

In der Ergebnisrechnung des britischen Mobilfunkunternehmens Vodafone schlägt sich die Umstellung auf die internationalen Bilanzierungsstandards IAS/IFRS positiv nieder. Nach Maßgabe der IAS/IFRS hätte sich das Ergebnis in der ersten Hälfte des Geschäftsjahres 2004/2005 (31. März) stark verbessert. Stand für diese Zeitspanne zunächst ein Verlust von 2,2 Milliarden Pfund zu

Buche, verwandelt sich dieser Wert in einen Gewinn von 4,8 Milliarden Pfund. Möglich wird dieser Ergebnissprung vor allem durch den Umstand, dass nach dem IAS/IFRS-Regelwerk planmäßige Abschreibungen auf den Firmenwert entfallen. Von diesem Einmaleffekt, der den Vergleich zu den Abschlüssen der Vorjahre erschwert, dürften auch andere europäische Telekomkonzerne profitieren. So rechnet die Deutsche Telekom, die rückwirkend zum Jahresbeginn 2003 auf die neue Rechnungslegung umstellt, beim Abschluss 2005 mit einer Ergebnisverbesserung von 1,9 Milliarden Euro. Hauptgrund für das prognostizierte Gewinnwachstum ist auch hier der Wegfall von Abschreibungen auf Firmenwerte und Mobilfunklizenzen. (10), (11)

Weiterführende Literatur

(1) IFRS hat Folgen für die Zusammenarbeit mit Abschlussprüfern Einheitliche Interpretation der Bilanzstandards entscheidend - Weniger aufwendige Zusammenarbeit als unter den US-Normen aus Börsen-Zeitung, 05.01.2005, Nummer 2, Seite 11

(2) Umstellung auf IFRS stellt auch Bonitätsprüfer vor Herausforderung Ratingagenturen uneins über Auswirkung - S & P: Überraschungspotenzial vorhanden - Kommunikation ist für Unternehmen

das A und O
aus Börsen-Zeitung, 31.12.2004, Nummer 254, Seite 49

(3) Pflicht oder Kür? Kolumne
aus Financial Times Deutschland vom 04.01.2005, Seite 28

(4) Mittelständler trauern dem HGB nach Klagen über Mehrarbeit und höhere Kosten mit internationalen Bilanzierungsnormen
aus Börsen-Zeitung, 31.12.2004, Nummer 254, Seite 43

(5) Neue Bilanzregeln steigern Axa-Gewinn Umstellung auf IFRS verringert aber Eigenkapital
aus Financial Times Deutschland vom 07.01.2005, Seite 18

(6) Das Zeitalter der internationalen Bilanzierung beginnt mit Tücken Vergleichbarkeit zunächst stark eingeschränkt - Umstellung auf IFRS in Deutschland weit fortgeschritten - Keine Vereinheitlichung von Einzel- und Konzernabschluss
aus Börsen-Zeitung, 31.12.2004, Nummer 254, Seite 41

(7) Europäische Aktien sowie Telekom- und Medientitel profitieren besonders von der Einführung des IFRS-Standards Bilanzreform sorgt für Neubewertung an den Börsen
aus Die Welt, Jg. 59, 22.12.2004, Nr. 300, S. 17

(8) Positive Effekte für BASF aus IFRS-Umstellung Betriebsergebnis steigt um 250 Mill. Euro

aus Börsen-Zeitung, 09.12.2004, Nummer 239, Seite 10

(9) IFRS bringt BASF höhere Ergebnisse
aus Frankfurter Allgemeine Zeitung, 09.12.2004, Nr. 288, S. 18

(10) Neue Rechnungslegung hilft Vodafone
aus Frankfurter Allgemeine Zeitung, 25.01.2005, Nr. 20, S. 17

(11) Spekulationen über steigende Telekom-Gewinne
aus Frankfurter Allgemeine Zeitung, 20.01.2005, Nr. 16, S. 16

(12) Goodwill wird Risikofaktor fürs Ergebnis
Telekomfirmen mit dicksten Brocken - Impairment-Test ersetzt lineare Abschreibung - Künftig nur Restgröße
aus Börsen-Zeitung, 31.12.2004, Nummer 254, Seite 45

(13) "Verwerfungen bei Bilanzumstellung"
aus Börsen-Zeitung, 07.12.2004, Nummer 237, Seite 6

Impressum

Auswirkungen der Umstellung der HGB-Rechnungslegung auf IAS/IFRS

Bibliografische Information der deutschen Nationalbibliothek

Die Deutsche Nationalbibliothek verzeichnet diese Publikation in der deutschen Nationalbibliografie; detaillierte bibliografische Daten sind im Internet über http://dnb.d-nb.de abrufbar.

ISBN: 978-3-7379-1324-9

© 2015 GBI-Genios Deutsche Wirtschaftsdatenbank GmbH, Freischützstraße 96, 81927 München, www.genios.de

Alle Rechte vorbehalten. Dieses Werk ist einschließlich aller seiner Teile – z.B. Texte, Tabellen und Grafiken - urheberrechtlich geschützt. Jede Verwertung außerhalb der Grenzen des Urheberrechtsgesetzes bedarf der vorherigen Zustimmung des Verlags. Dies gilt insbesondere auch für auszugsweise Nachdrucke, fotomechanische

Vervielfältigungen (Fotokopie/Mikroskopie), Übersetzungen, Auswertungen durch Datenbanken oder ähnliche Einrichtungen und die Einspeicherung und Verarbeitung in elektronischen Systemen.